Impressum
Verlag: BABADADA GmbH, Nedderfeld 112 , 22529 Hamburg
Geschäftsführer / Verlagsleitung: Harald Hof
Druck: Books on Demand GmbH, In de Tarpen 42, 22848 Norderstedt

Imprint
Publisher: BABADADA GmbH, Nedderfeld 112 , 22529 Hamburg, Germany
Managing Director / Publishing direction: Harald Hof
Print: Books on Demand GmbH, In de Tarpen 42, 22848 Norderstedt, Germany

mokykla
skole

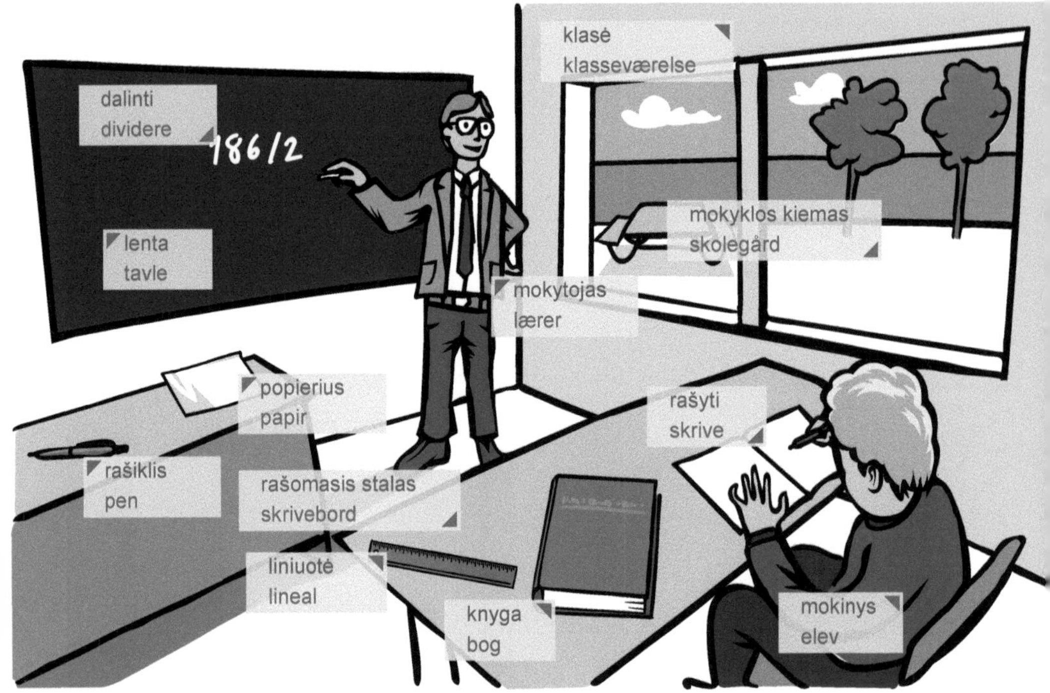
klasė
klasseværelse
dalinti
dividere
186/2
lenta
tavle
mokyklos kiemas
skolegård
mokytojas
lærer
popierius
papir
rašyti
skrive
rašiklis
pen
rašomasis stalas
skrivebord
liniuotė
lineal
knyga
bog
mokinys
elev

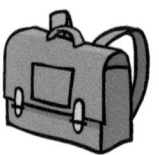

kuprinė
skoletaske

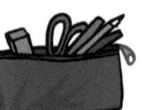

penalas
penalhus

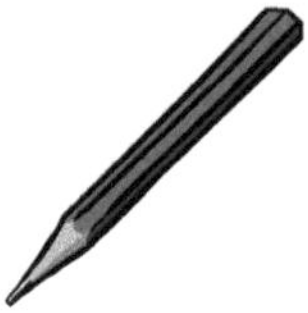

pieštukas
blyant

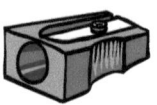

drožtukas
blyantspidser

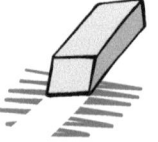

trintukas
viskelæder

piešimo bloknotas
tegneblok

piešinys

tegning

teptukas

pensel

dažų dėžutė

æske med vandfarver

žirklės

saks

klijai

lim

vadovėlis

opgavehefte

namų darbai

lektie

numeris

tal

pridėti

addere

atimti

subtrahere

dauginti

multiplicere

skaičiuoti

regne

raidė

bogstav

abėcėlė

alfabet

žodis

ord

tekstas

tekst

skaityti

læse

kreida

kridt

pamoka

time

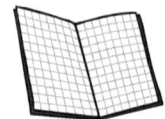

dienynas

klasseprotokol

egzaminas

eksamen

pažymėjimas

karakterbog

mokyklinė uniforma

skoleuniform

išsilavinimas

uddannelse

enciklopedija

leksikon

universitetas

universitet

mikroskopas

mikroskop

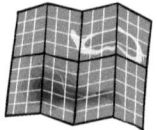

žemėlapis

kort

šiukšliadėžė

papirkurv

kelionė
rejse

viešbutis
hotel
Grand
svečių namai
herberg
ROOMS
valiutos keitykla
vekselkontor
lagaminas
kuffert
mašina
bil

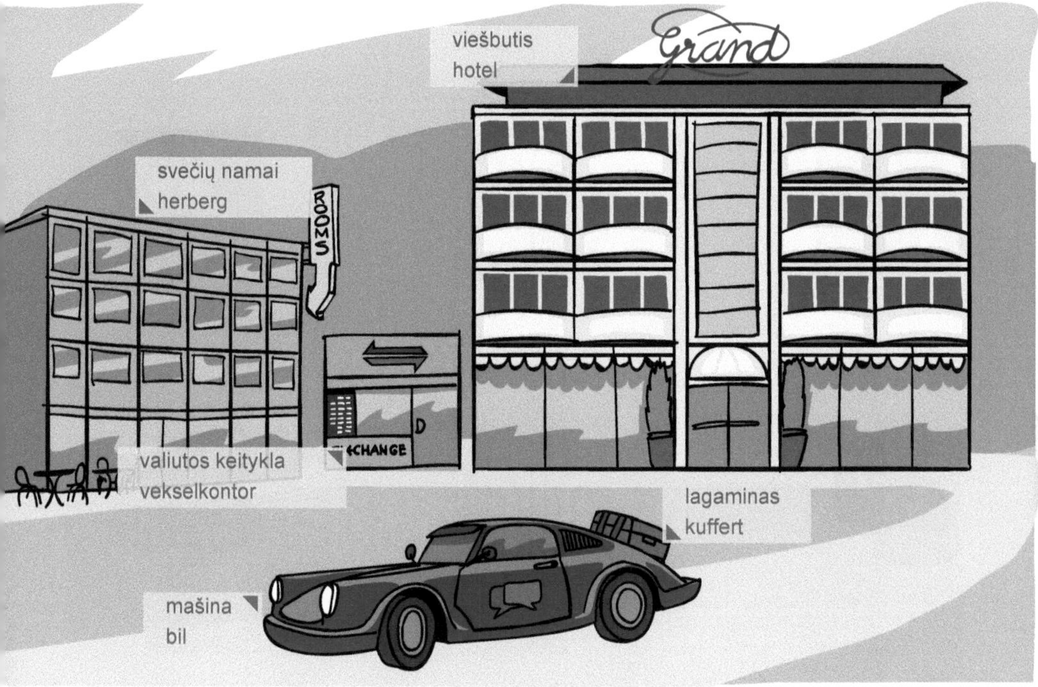

kalba

sprog

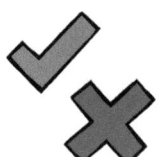

taip / ne

ja / nej

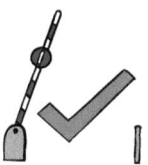

Gerai

okay

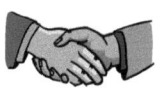

sveiki

hej

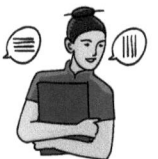

vertėjas raštu

oversætter

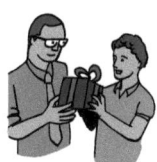

Ačiū

tak

kiek kainuoja...?

hvad koster...?

aš nesuprantu

Jeg forstår ikke

problema

problem

Labas vakaras!

God aften!

Labas rytas!

God morgen!

Labos nakties!

God nat!

viso gero

farvel

kryptis

retning

bagažas

bagage

krepšys

taske

kuprinė

rygsæk

svečias

gæst

kambarys

værelse

miegmaišis

sovepose

palapinė

telt

turizmo informacija

turistinformation

paplūdimys

strand

kreditinė kortelė

kreditkort

pusryčiai

morgenmad

pietūs

middagsmad

vakarienė

aftensmad

bilietas

billet

liftas

elevator

pašto ženklas

frimærke

siena

grænse

muitinė

told

ambasada

ambassade

viza

visum

pasas

pas

transportas
transport

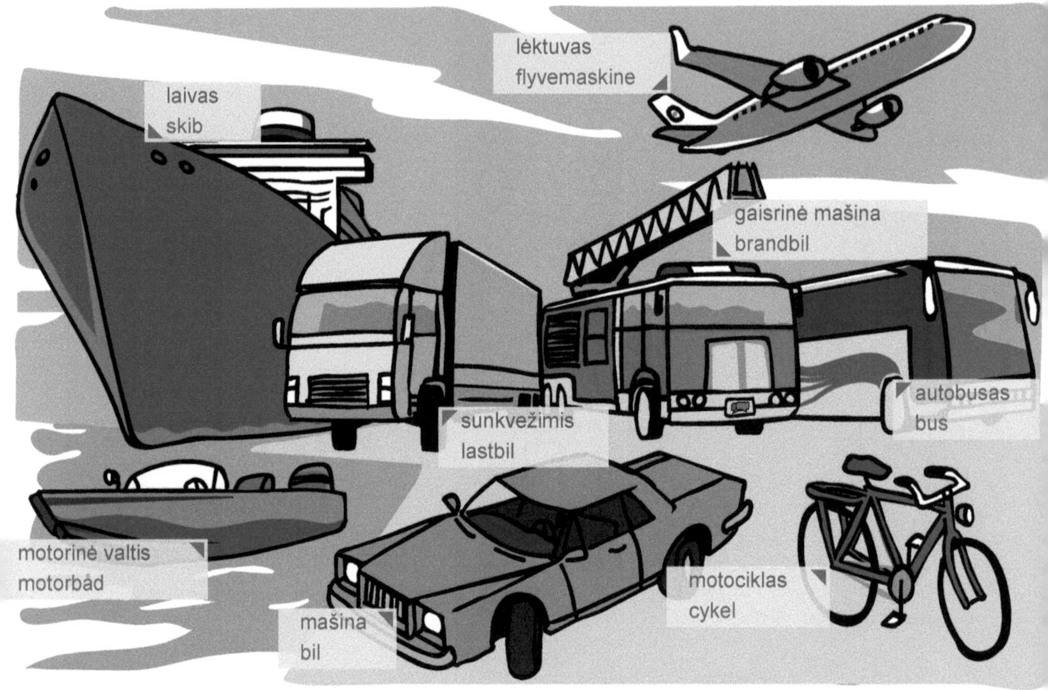
lėktuvas
flyvemaskine
laivas
skib
gaisrinė mašina
brandbil
autobusas
bus
sunkvežimis
lastbil
motorinė valtis
motorbåd
motociklas
cykel
mašina
bil

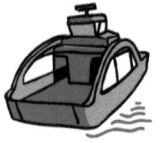

keltas

færge

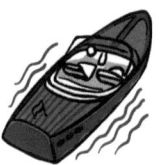

valtis

båd

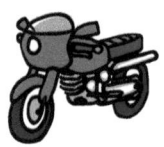

mopedas

motorcykel

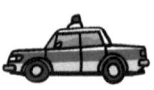

policijos automobilis

politibil

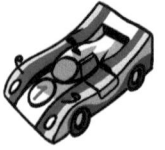

lenktyninis automobilis

racerbil

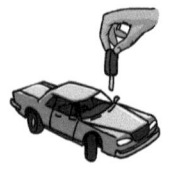

nuomojamas automobilis

lejebil

bendras automobilio
naudojimas
....
samkørsel

techninės pagalbos
automobilis
....
kranbil

šiukšliavežė
....
skraldebil

variklis
....
motor

degalai
....
benzin

degalinė
....
tankstation

kelio ženklas
....
trafikskilt

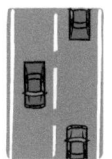

eismas
....
trafik

eismo spūstis
....
trafikprop

mašinų stovėjimo aikštelė

parkeringsplads

traukinių stotis
....
banegård

bėgiai
....
skinner

traukinys
....
tog

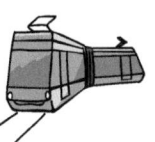

tramvajus
....
sporvogn

vagonas
....
wagon

sraigtasparnis

helikopter

oro uostas

lufthavn

bokštas

tårn

keleivis

passager

konteineris

container

dėžė

karton

vežimėlis

kærre

krepšys

kurv

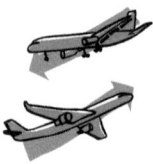

pakilti / nusileisti

starte / lande

miestas
by

kaimas

landsby

miesto centras

bymidte

namas

hus

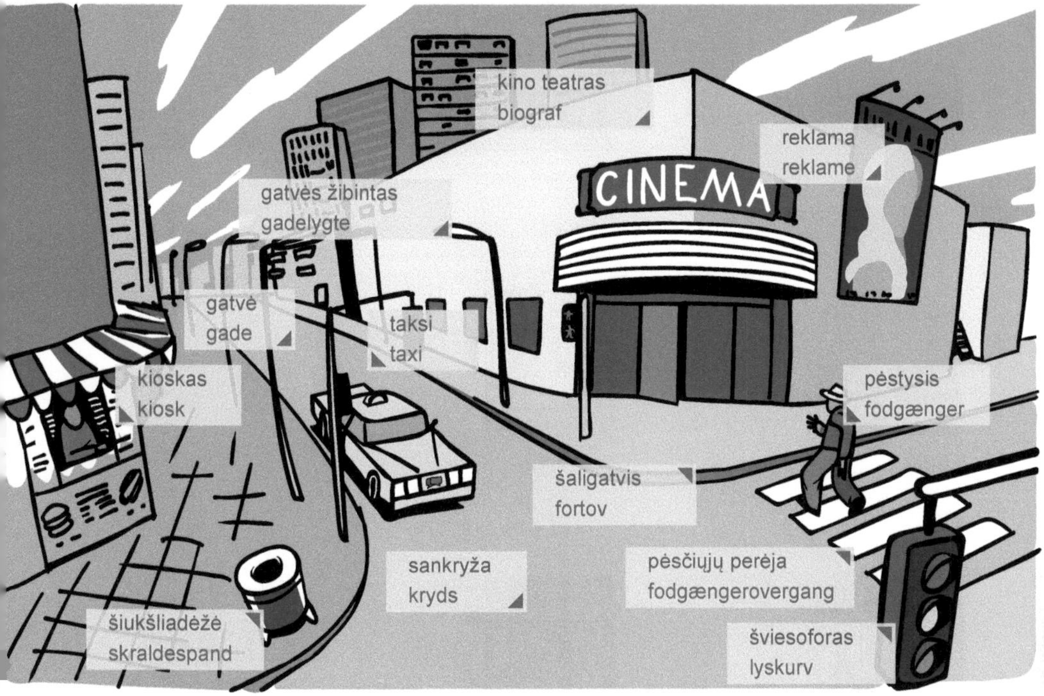

kino teatras
biograf

reklama
reklame

gatvės žibintas
gadelygte

gatvė
gade

taksi
taxi

kioskas
kiosk

pėstysis
fodgænger

šaligatvis
fortov

sankryža
kryds

pėsčiųjų perėja
fodgængerovergang

šiukšliadėžė
skraldespand

šviesoforas
lyskurv

trobelė
hytte

butas
lejlighed

traukinių stotis
banegård

rotušė
rådhus

muziejus
museum

mokykla
skole

universitet

universitet

bankas

bank

ligoninė

sygehus

viešbutis

hotel

vaistinė

apotek

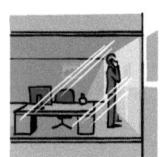

biuras

kontor

knygynas

boghandel

parduotuvė

butik

gėlių parduotuvė

blomsterbutik

prekybos centras

supermarked

turgus

marked

universalinė parduotuvė

stormagasin

žuvies parduotuvė

fiskehandler

prekybos centras

butikscenter

uostas

havn

parkas

park

suoliukas

bænk

tiltas

bro

laiptai

trappe

metro

undergrundsbane

tunelis

tunnel

autobusų stotelė

busstoppested

baras

barnevogn

restoranas

restaurant

lauko pašto dėžutė

postkasse

kelio ženklas

vejskilt

parkomatas

parkometer

zoologijos sodas

zoo

baseinas

badeanstalt

mečetė

moske

ūkininko ūkis

bondegård

tarša

miljøforurening

kapinės

kirkegård

bažnyčia

kirke

žaidimų aikštelė

legeplads

šventykla

tempel

kraštovaizdis
landskab

lapas
blad

kelio rodyklė
vejviser

kelias
vej

pieva
eng

akmuo
sten

ėjikas
vandrer

medis
træ

upė
flod

žolė
græs

gėlė
blomst

slėnis

dal

kalva

bjerg

ežeras

sø

miškas

skov

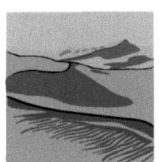

dykuma

ørken

ugnikalnis

vulkan

pilis

slot

vaivorykštė

regnbue

grybas

svamp

palmė

palme

uodas

moskito

musė

flue

skruzdėlė

myre

bitė

bi

voras

edderkop

vabalas

bille

varlė

frø

voverė

egern

ežys

pindsvin

kiškis

hare

pelėda

ugle

paukštis

fugl

gulbė

svane

šernas

vildsvin

elnias

hjort

briedis

elg

užtvanka

dæmning

vėjo jėgainė

vindmølle

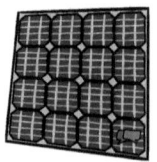

saulės baterija

solcellemodul

klimatas

klima

restoranas

restaurant

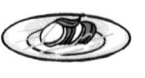

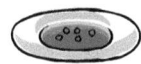

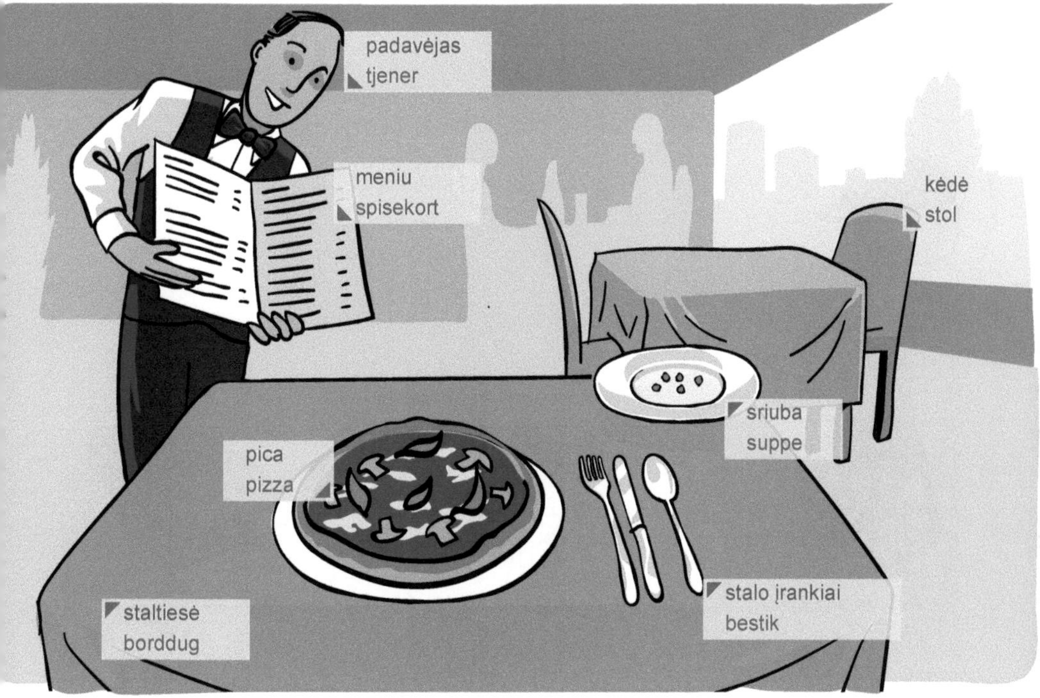

padavėjas
tjener
meniu
spisekort
kėdė
stol
sriuba
suppe
pica
pizza
staltiesė
borddug
stalo įrankiai
bestik

užkandis
forret

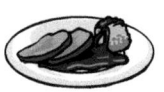

pagrindinis patiekalas
hovedret

desertas
dessert

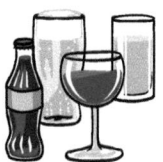

gėrimai
drikkevarer

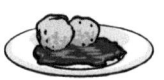

maistas
mad

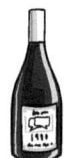

butelis
flaske

greitai pateikiamas maistas

fastfood

gatvės maistas

streetfood

arbatinukas

tekande

cukrinė

sukkerdåse

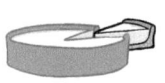

porcija

portion

espreso aparatas

espressomaskine

aukšta kėdė

barnestol

sąskaita

faktura

padėklas

tablet

peilis

kniv

šakutė

gaffel

šaukštas

ske

arbatinis šaukštelis

teske

servetėlė

serviet

stiklinė

glas

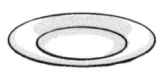

lėkštė

tallerken

sriubos lėkštė

dyb tallerken

padėklas

underkop

padažas

sovs

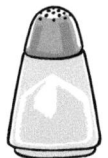

druskinė

saltbøsse

pipirų malūnėlis

peberkværn

actas

eddike

aliejus

olie

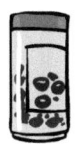

prieskoniai

krydderier

kečupas

ketchup

garstyčios

sennep

majonezas

mayonnaise

prekybos centras

supermarked

specialus pasiūlymas
tilbud
pirkėjas
kunde
pieno produktai
mælkeprodukter
vaisiai
frugt
troleibusas
indkøbsvogn
FOR

BUTCHERS

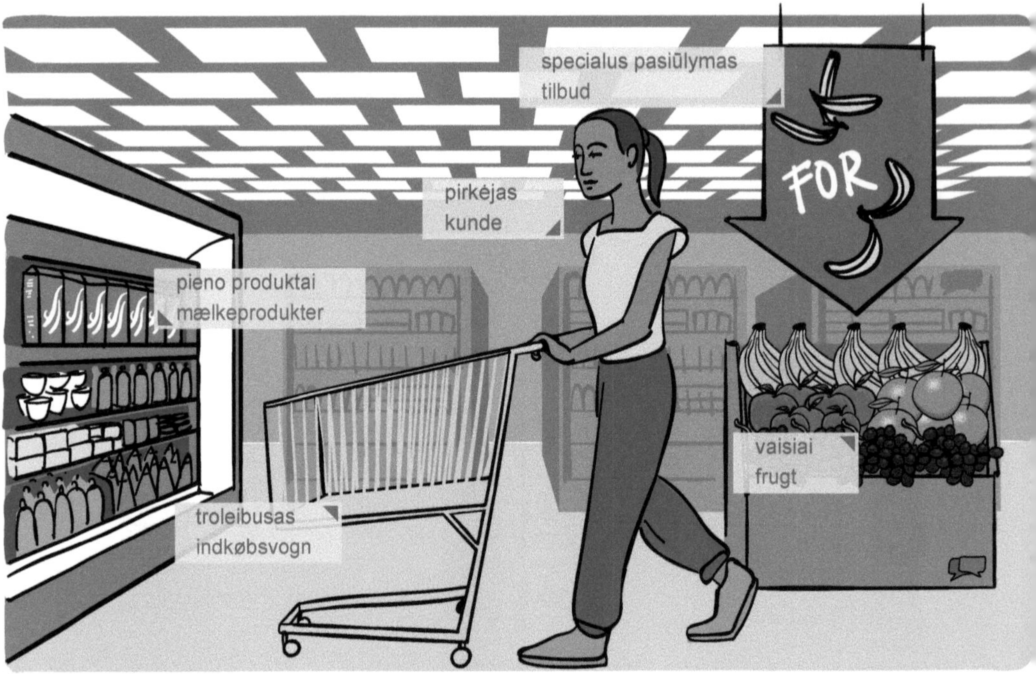

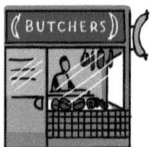

mėsos parduotuvė

slagter

BAKERY

kepykla

bageri

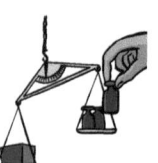

sverti

veje

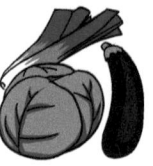

daržovės

grøntsager

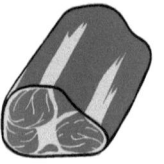

mėsa

kød

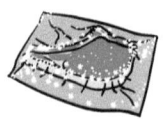

šaldytas maistas

frostvarer

šalti mėsos užkandžiai

pålæg

konservai

konserves

skalbimo milteliai

vaskemiddel

saldumynai

slik

ūkinės prekės

husholdningsvarer

valymo priemonės

rengøringsmidler

pardavėja

ekspedient

kasos aparatas

kasse

kasininkas

kasserer

pirkinių sąrašas

indkøbsliste

darbo valandos

åbningstider

piniginė

tegnebog

kreditinė kortelė

kreditkort

maišelis

taske

plastikinis maišelis

plasticpose

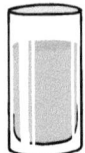

vanduo

vand

sultys

saft

pienas

mælk

kola

cola

vynas

vin

alus

øl

alkoholis

alkohol

kakava

kakao

arbata

te

kava

kaffe

espresas

espresso

kapučinas

cappuccino

bananas

banan

obuolys

æble

apelsinas

appelsin

arbūzas

melon

citrina

citron

morka

gulerod

česnakas

hvidløg

bambukas

bambus

svogūnas

løg

grybas

svamp

riešutai

nødder

makaronai

nudler

spagečiai
spaghetti

ryžiai
ris

salotos
salat

traškučiai
pomfritter

keptos bulvės
stegte kartofler

pica
pizza

mėsainis
hamburger

sumuštinis
sandwich

pjausnys
schnitzel

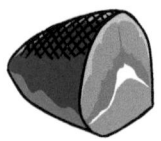

kumpis
skinke

saliamis
salami

dešrelė
pølse

vištiena
kylling

kepsnys
steg

žuvis
fisk

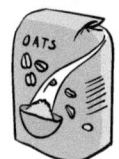

avižų dribsniai

havregryn

dribsniai su priedais

mysli

kukurūzų dribsniai

cornflakes

miltai

mel

prancūziškasis ragelis

croissant

bandelė

rundstykke

duona

brød

skrebutis

toast

sausainiai

kiks

sviestas

smør

varškė

kvark

tortas

kage

kiaušinis

æg

kiaušinienė

spejlæg

sūris

ost

ledai

is

cukrus

sukker

medus

honning

uogienė

marmelade

tepamas šokoladas

nougat-creme

karis

karry

ūkininko ūkis
bondegård

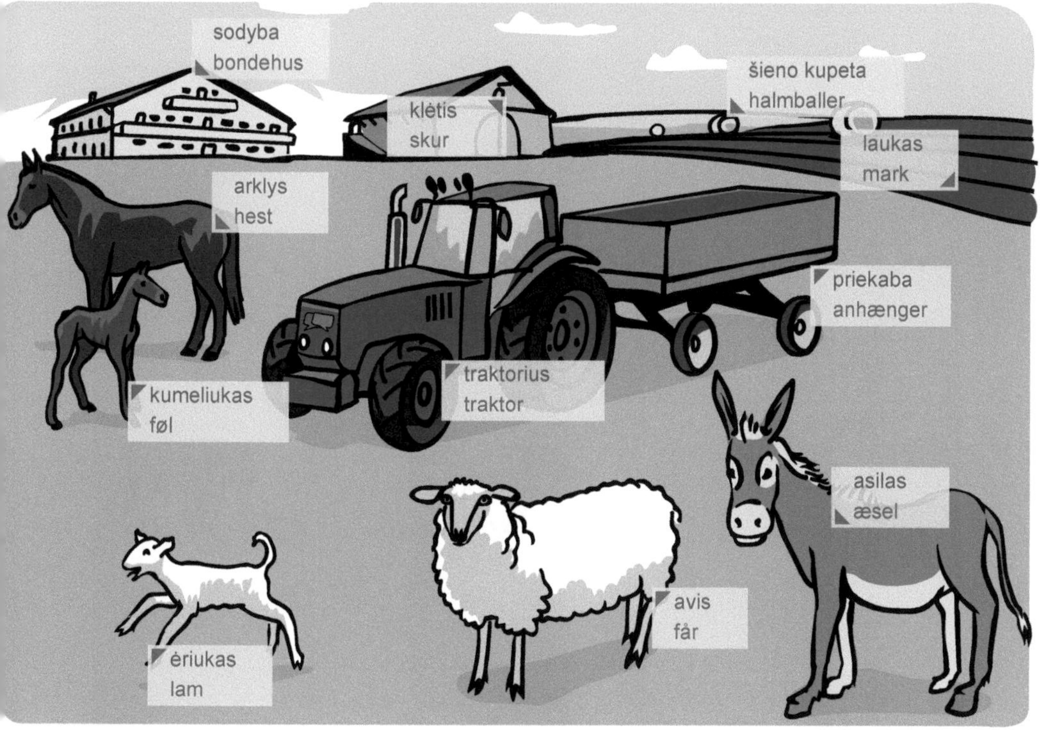
sodyba
bondehus
klėtis
skur
šieno kupeta
halmballer
laukas
mark
arklys
hest
priekaba
anhænger
kumeliukas
føl
traktorius
traktor
asilas
æsel
avis
får
ėriukas
lam

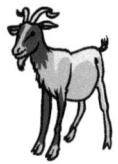

ožys
ged

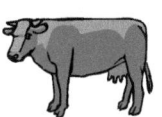

karvė
ko

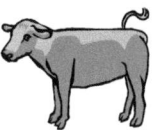

veršis
kalv

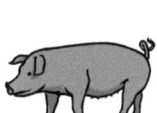

kiaulė
svin

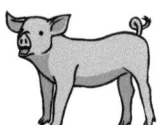

paršelis
gris

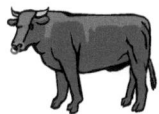

bulius
tyr

žąsis

gås

antis

and

viščiukas

kylling

višta

høne

gaidys

hane

žiurkė

rotte

katė

kat

pelė

mus

jautis

okse

šuo

hund

šuns būda

hundehus

sodo namas

haveslange

laistytuvas

vandkande

dalgis

le

plūgas

plov

pjautuvas

segl

kauptukas

hakkejern

šakės

møggreb

kirvis

økse

statinė

trillebør

lovys

trug

bidonas

mælkekande

maišas

sæk

tvora

hæk

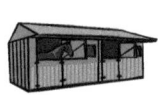

arklidė

stald

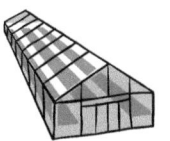

šiltnamis

drivhus

dirva

jord

sėkla

frø

trąšos

gødning

kombainas

mejetærsker

rinkti

høste

derlius

høst

saldžiosios bulvės

yams

kviečiai

hvede

soja

soja

bulvė

kartoffel

kukurūzai

majs

rapsai

raps

vaismedis

frugttræ

manijokas

maniok

grūdai

korn

namas
hus

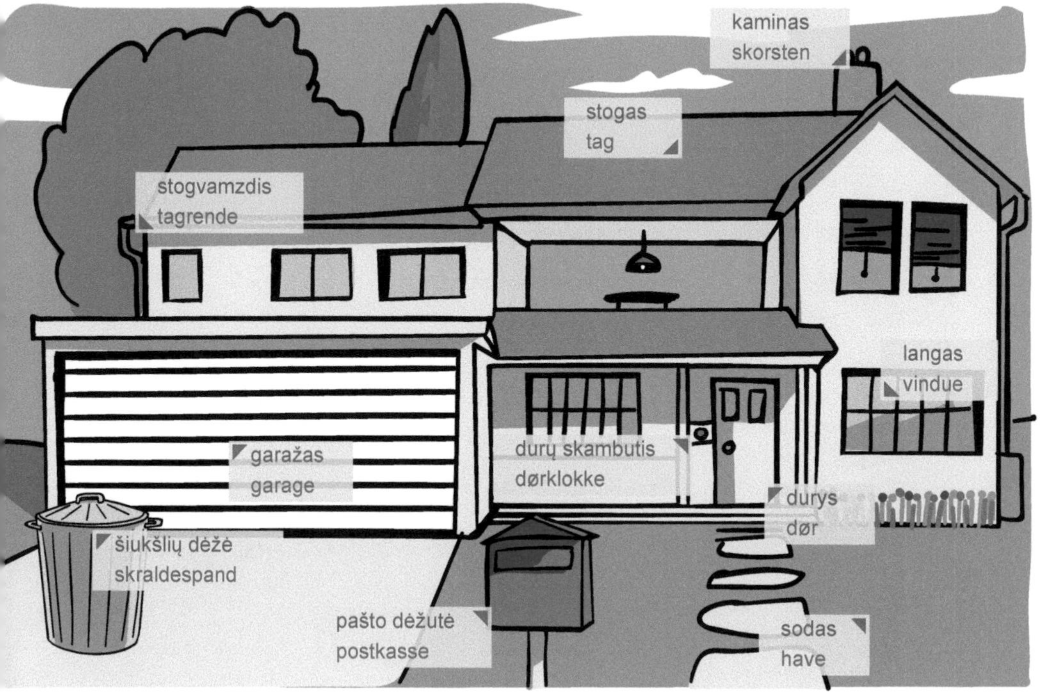
kaminas
skorsten
stogas
tag
stogvamzdis
tagrende
langas
vindue
garažas
garage
durų skambutis
dørklokke
durys
dør
šiukšlių dėžė
skraldespand
pašto dėžutė
postkasse
sodas
have

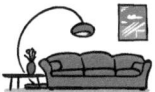

svetainė
stue

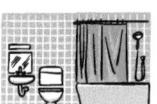

vonios kambarys
badeværelse

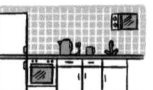

virtuvė
køkken

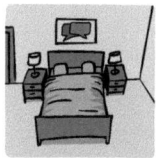

miegamasis
soveværelse

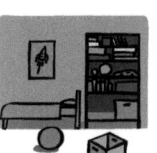

vaiko kambarys
børneværelse

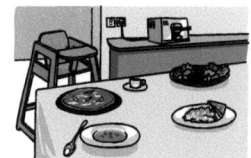

valgomasis
spisestue

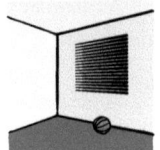

grindys
gulv

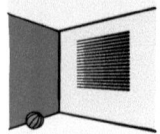

siena
væg

lubos
loft

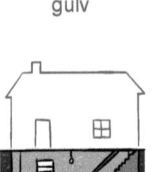

rūsys
kælder

sauna
sauna

balkonas
altan

terasa
terrasse

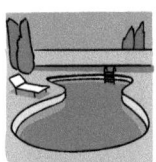

baseinas
svømmehal

žoliapjovė
plæneklipper

paklodė
dynebetræk

lovatiesė
dyne

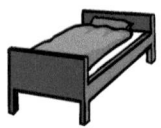

lova
seng

šluota
kost

kibiras
spand

jungiklis
kontakt

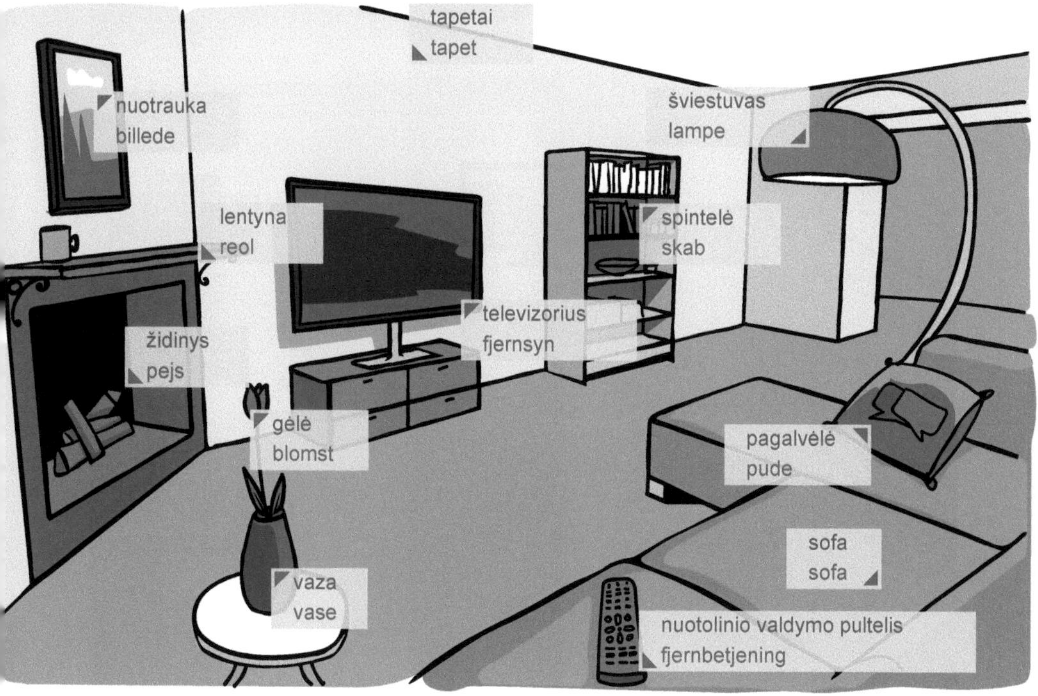

tapetai
tapet

nuotrauka
billede

šviestuvas
lampe

lentyna
reol

spintelė
skab

židinys
pejs

televizorius
fjernsyn

gėlė
blomst

pagalvėlė
pude

sofa
sofa

vaza
vase

nuotolinio valdymo pultelis
fjernbetjening

kilimas
....
gulvtæppe

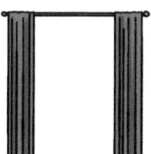

užuolaida
....
gardin

stalas
....
bord

kėdė
....
stol

supamasis krėslas
....
gyngestol

fotelis
....
lænestol

knyga
bog

antklodė
tæppe

papuošimai
dekoration

malkos
brænde

filmas
film

stereo aparatūra
stereoanlæg

raktas
nøgle

laikraštis
avis

paveikslas
maleri

plakatas
plakat

radijas
radio

užrašų knygelė
notesblok

dulkių siurblys
støvsuger

kaktusas
kaktus

žvakė
lys

virtuvė
køkken

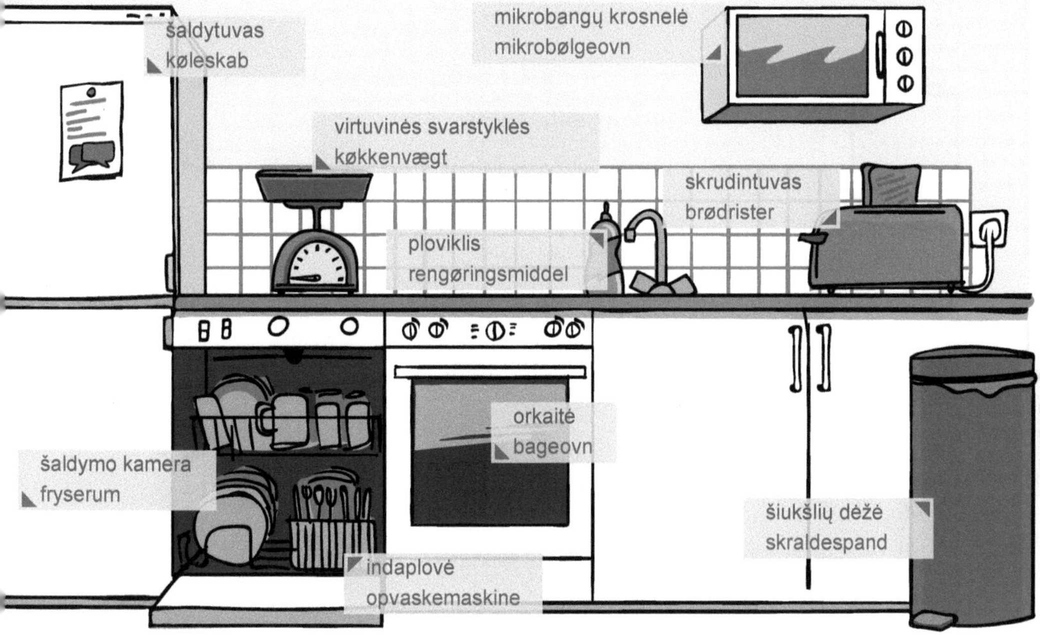
šaldytuvas
køleskab
mikrobangų krosnelė
mikrobølgeovn
virtuvinės svarstyklės
køkkenvægt
skrudintuvas
brødrister
ploviklis
rengøringsmiddel
orkaitė
bageovn
šaldymo kamera
fryserum
šiukšlių dėžė
skraldespand
indaplovė
opvaskemaskine

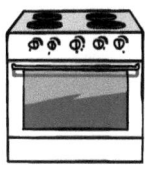

viryklė

komfur

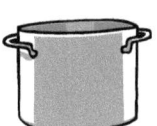

puodas

gryde

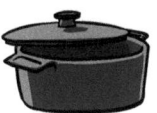

ketaus puodas

jerngryde

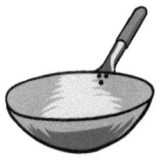

„wok“ keptuvė

wok / kadai

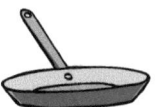

keptuvė

pande

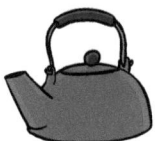

virdulys

elkedel

garų puodas

dampkoger

kepimo skarda

bageplade

porceliano indai

service

puodelis

bæger

dubuo

skål

valgomosios lazdelės

spisepinde

samtis

øseske

mentelė

paletkniv

plaktuvas

piskeris

koštuvas

dørslag

sietas

si

trintuvė

rive

grūstuvė

morter

kepsninė

grille

atvira liepsna

ildsted

pjaustymo lentelė

skærebræt

kočėlas

kagerulle

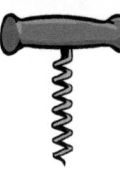

kamščiatraukis

proptrækker

skardinė

dåse

skardinių atidarytuvas

dåseåbner

puodkėlė

grydelap

kriauklė

køkkenvask

šepetys

børste

kempinė

svamp

trintuvas

blender

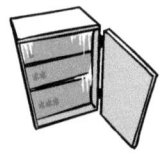

šaldiklis

dybfryser

kūdikių buteliukas

sutteflaske

čiaupas

vandhane

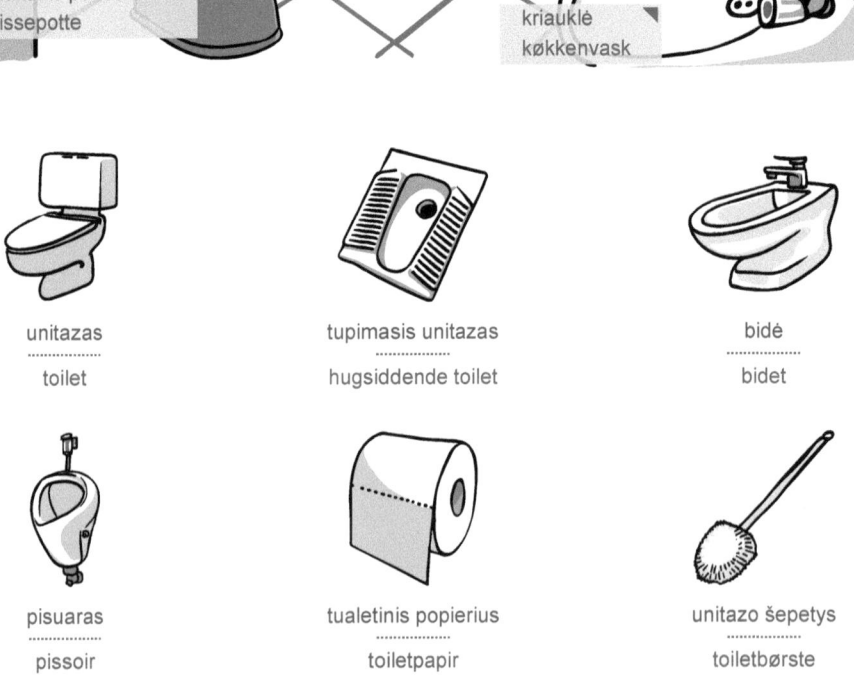

vonios kambarys

badeværelse

dušas
brusebad
šildymas
radiator
rankšluostis
håndklæde
dušo užuolaidos
bruserforhæng
vonios putos
skumbad
vonia
badekar
stiklinė
glas
skalbimo mašina
vaskemaskine
čiaupas
vandhane
plytelės
fliser
naktinis puodukas
tissepotte
kriauklė
køkkenvask

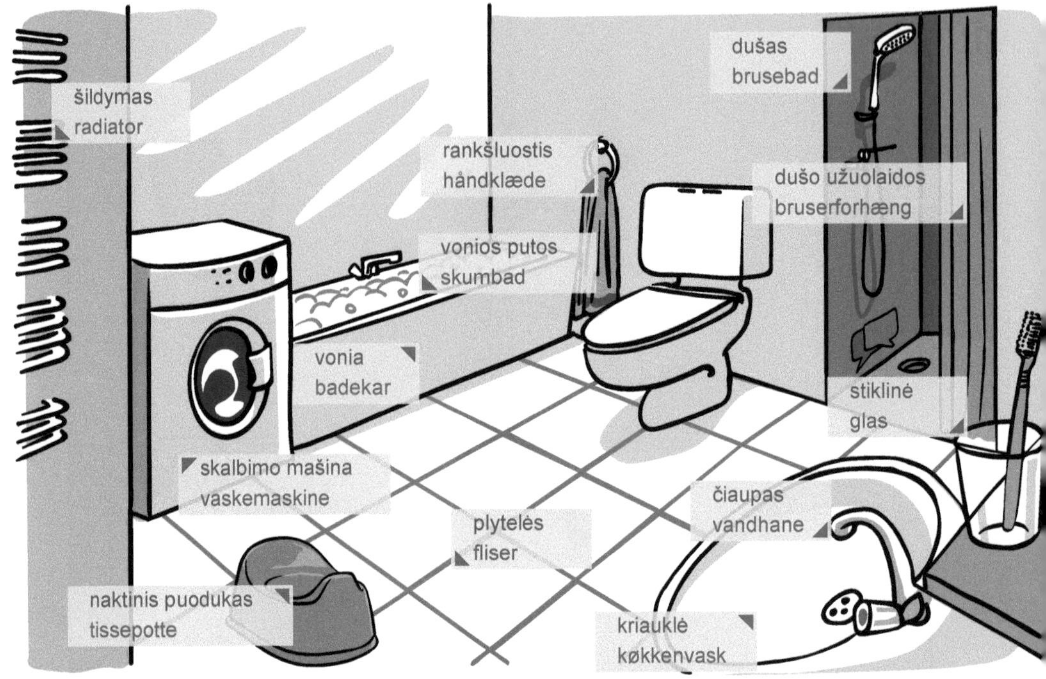

unitazas

toilet

tupimasis unitazas

hugsiddende toilet

bidė

bidet

pisuaras

pissoir

tualetinis popierius

toiletpapir

unitazo šepetys

toiletbørste

dantų šepetėlis

tandbørste

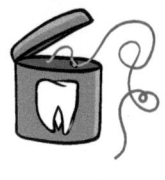

dantų pasta

tandpasta

dantų siūlas

tandtråd

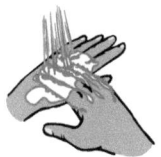

plauti

vaske

dušo galvutė

håndbruser

higieninis dušas

intimbruser

praustuvas

vaskefad

nugaros plaušinė

badebørste

muilas

sæbe

dušo želė

brusegele

šampūnas

shampoo

plaušinė

vaskeklud

kanalizacija

afløb

kremas

creme

dezodorantas

deodorant

veidrodis

spejl

veidrodėlis

kosmetikspejl

skustuvas

barberhøvl

skutimosi putos

barberskum

losjonas po skutimosi

barbervand

šukos

kam

šepetys

børste

plaukų džiovintuvas

hårtørrer

plaukų lakas

hårspray

makiažas

makeup

lūpdažis

læbestift

nagų lakas

neglelak

vata

vat

žirklutės nagams

neglesaks

kvepalai

parfume

maišelis skalbiniams

toilettaske

taburetė

skammel

svarstyklės

vægt

chalatas

badekåbe

guminės pirštinės

gummihandsker

tamponas

tampon

higieninis įklotas

damebind

biotualetas

kemisk toilet

vaiko kambarys
børneværelse

žadintuvas
vækkeur
pliušinis žaislas
bamse
žaislinė mašinėlė
legetøjsbil
barškutis
skralde
lėlės namelis
dukkehus
dovana
gave

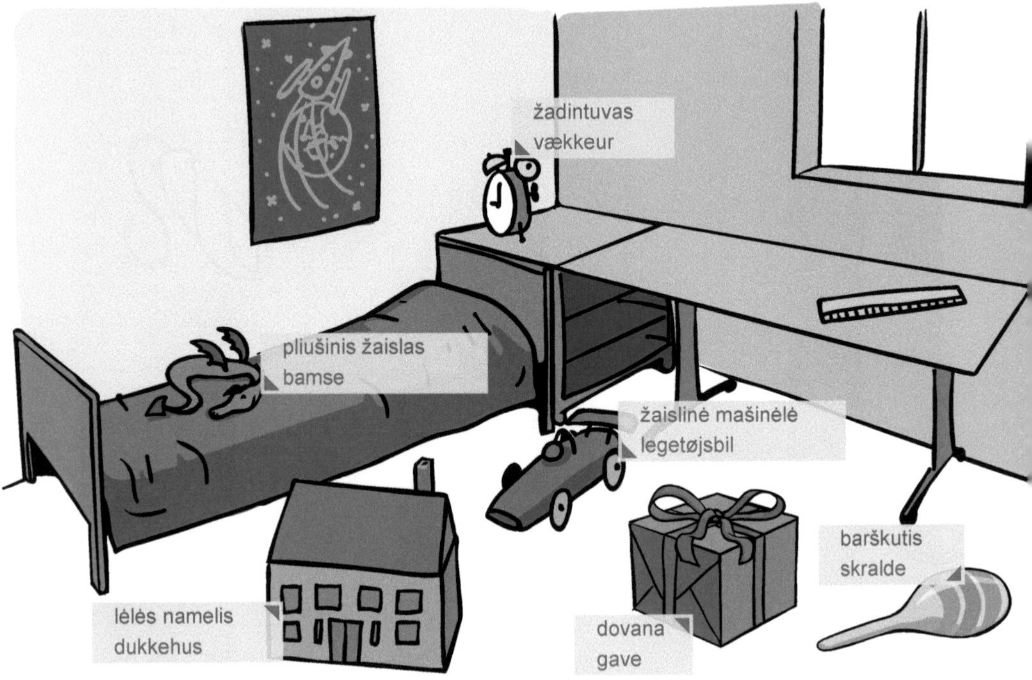

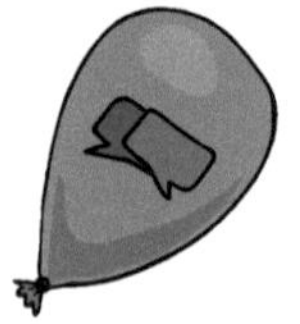

balionas

ballon

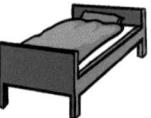

lova

seng

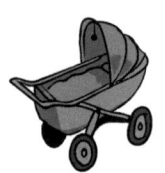

vaikiškas vežimėlis

barnevogn

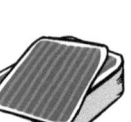

kortų malka

kortspil

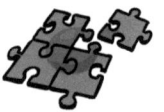

delionė

puslespil

komiksai

tegneserie

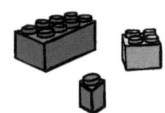

lego kaladėlės

legoklodser

žaislinės kaladėlės

byggeklodser

figūrėlė

action figur

šliaužtinukai

sparkedragt

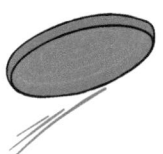

mėtymo lėkštė

frisbee

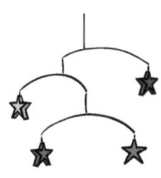

karuselė

uro

stalo žaidimas

brætspil

kauliukai

terning

žaislinis traukinys

modeljernbane

žindukas

sut

vakarėlis

fest

paveiksliukų knygelė

billedbog

kamuolys

bold

lėlė

dukke

žaisti

lege

smėlio dėžė

sandkasse

sūpynės

gynge

žaislai

legetøj

žaidimų konsolė

spillekonsol

triratukas

trehjulet cykel

meškiukas

bamse

drabužių spinta

klædeskab

drabužis

tøj

kojinės

sokker

kojinės virš kelių

strømper

pėdkelnės

strømpebukser

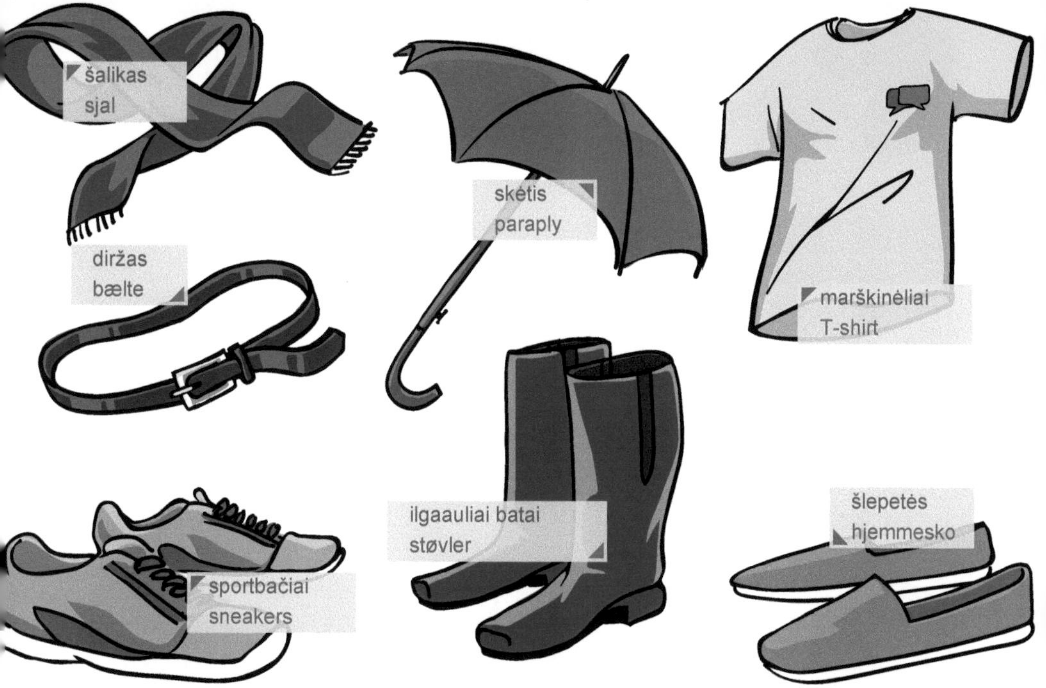

šalikas
sjal

skėtis
paraply

diržas
bælte

marškinėliai
T-shirt

ilgaauliai batai
støvler

šlepetės
hjemmesko

sportbačiai
sneakers

sandalai
sandaler

batai
sko

guminiai batai
gummistøvler

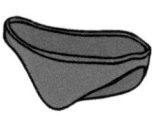

trumpikės
underbukser

liemenėlė
BH

liemenė
undertrøje

glaustinukė

body

kelnės

bukser

džinsai

jeans

sijonas

nederdel

palaidinė

bluse

marškiniai

skjorte

megztinis

pullover

megztinis su gobtuvu

sweatshirt

švarkelis

blazer

švarkas

jakke

paltas

frakke

lietpaltis

regnfrakke

kostiumas

kostume

suknelė

kjole

vestuvinė suknelė

brudekjole

kostiumas

jakkesæt

naktiniai marškiniai

nattrøje

pižama

pyjamas

saris

sari

skarelė

hovedtørklæde

tiurbanas

turban

burka

burka

kaftanas

kaftan

abaja

abaya

maudymosi kostiumėlis

badedragt

glaudės

badebukser

šortai

korte bukser

sportinis kostiumas

træningsdragt

prijuostė

forklæde

pirštinės

handsker

saga

knap

akiniai

briller

apyrankė

armbånd

vėrinys

kæde

žiedas

ring

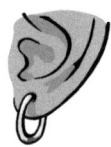

auskaras

ørering

kepurė

hue

pakabas

bøjle

skrybėlė

hat

kaklaraištis

slips

užtrauktukas

lynlås

šalmas

hjelm

breketai

seler

mokyklinė uniforma

skoleuniform

uniforma

uniform

seilinukas

hagesmæk

žindukas

sut

vystyklai

ble

biuras
kontor

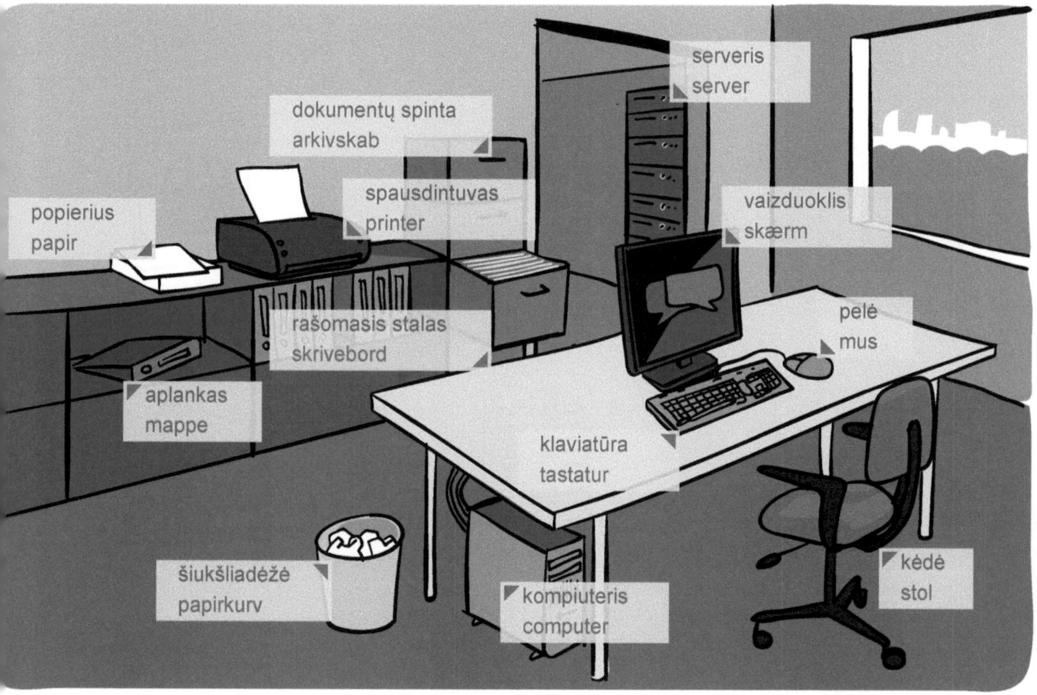

serveris
server

dokumentų spinta
arkivskab

popierius
papir

spausdintuvas
printer

vaizduoklis
skærm

rašomasis stalas
skrivebord

pelė
mus

aplankas
mappe

klaviatūra
tastatur

šiukšliadėžė
papirkurv

kompiuteris
computer

kėdė
stol

kavos puodelis

kaffekrus

kalkuliatorius

lommeregner

internetas

internet

nešiojamasis kompiuteris

bærbar

laiškas

brev

žinutė

besked

mobilusis telefonas

mobil

tinklas

netværk

fotokopijavimo aparatas

kopimaskine

programinė įranga

software

telefonas

telefon

kištukinis lizdas

stikdåse

faksas

fax

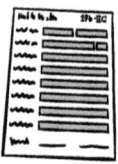

forma

formular

dokumentas

dokument

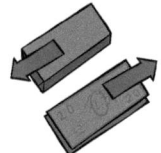

pirkti
købe

mokėti
betale

prekiauti
handle

pinigai
penge

doleris
dollar

euras
euro

jena
yen

rublis
rubel

Šveicarijos frankas
schweizerfranc

juanis
renminbi yuan

rupija
rupee

bankomatas
hæveautomat

valiutos keitykla

vekselkontor

auksas

guld

sidabras

sølv

nafta

olie

energija

energi

kaina

pris

sutartis

kontrakt

mokestis

skat

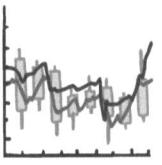

akcijos

aktie

dirbti

arbejde

darbuotojas

ansat

darbdavys

arbejdsgiver

gamykla

fabrik

parduotuvė

butik

profesijos
erhverv

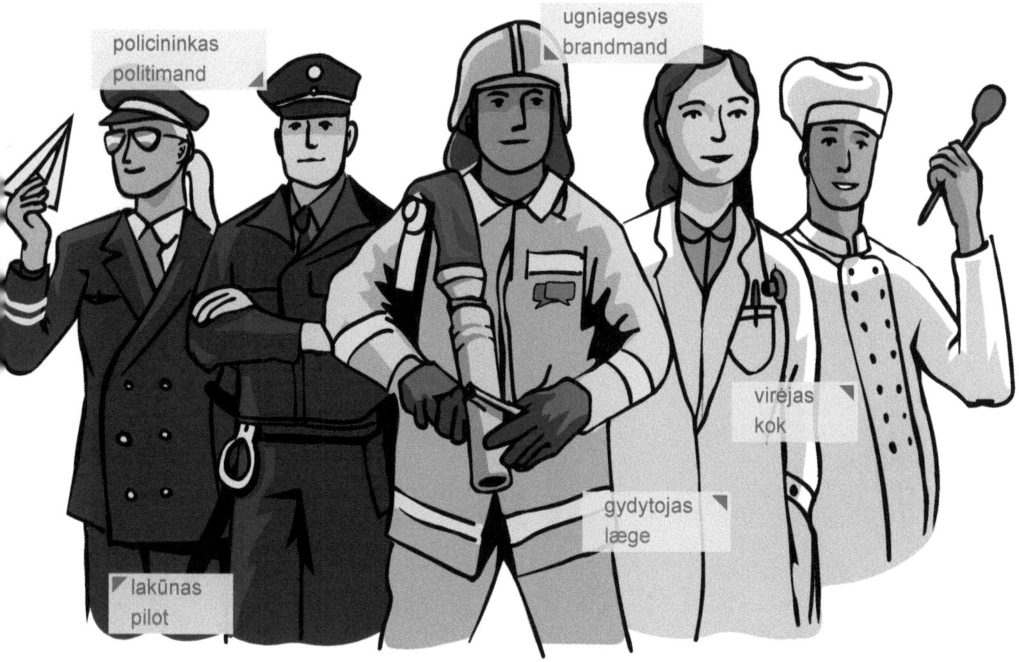
policininkas
politimand
ugniagesys
brandmand
virėjas
kok
gydytojas
læge
lakūnas
pilot

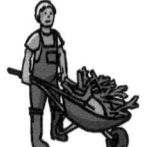

sodininkas

gartner

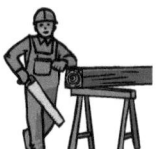

stalius

tømrer

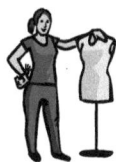

siuvėja

syerske

teisėjas

dommer

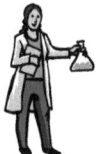

chemikas

kemiker

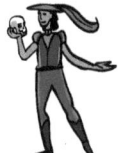

aktorius

skuespiller

autobuso vairuotojas

buschauffør

taksi vairuotojas

taxachauffør

žvejys

fisker

valytoja

rengøringskone

stogdengys

tagdækker

padavėjas

tjener

medžiotojas

jæger

dailininkas

maler

kepėjas

bager

elektrikas

elektriker

statybininkas

bygningsarbejder

inžinierius

ingeniør

mėsininkas

slagter

santechnikas

vvs-mand

paštininkas

postbud

kareivis

soldat

architektas

arkitekt

kasininkas

kasserer

gėlininkas

blomsterhandler

kirpėjas

frisør

konduktorius

togfører

mechanikas

mekaniker

kapitonas

kaptajn

odontologas

tandlæge

mokslininkas

videnskabsmand

rabinas

rabbiner

imamas

imam

vienuolis

munk

kunigas

præst

įrankiai
værktøj

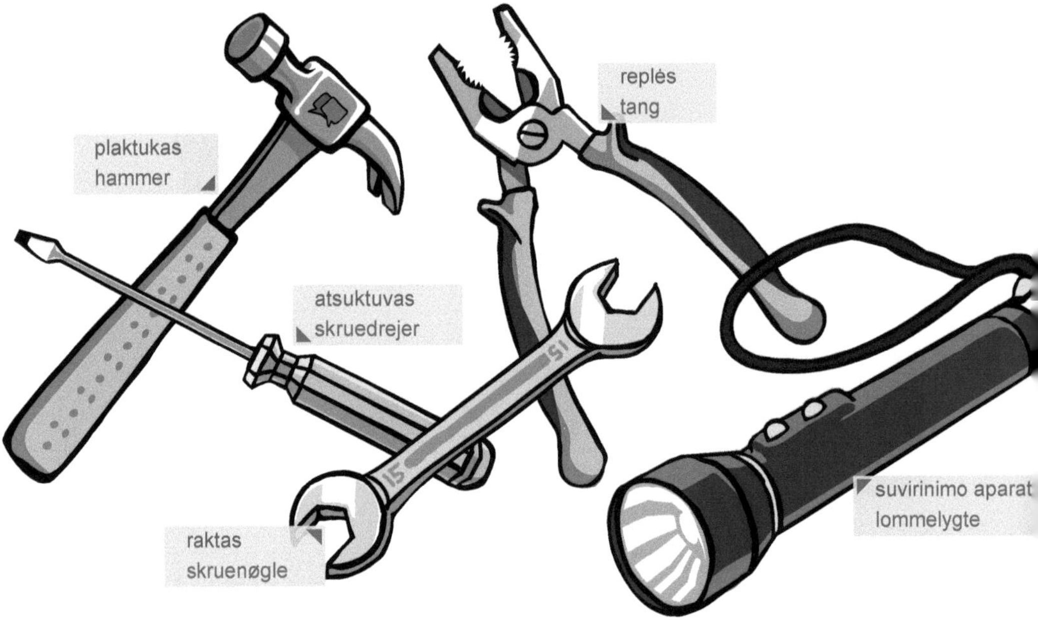

replės
tang
plaktukas
hammer
atsuktuvas
skruedrejer
suvirinimo aparat
lommelygte
raktas
skruenøgle

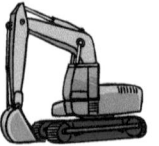

ekskavatorius

gravemaskine

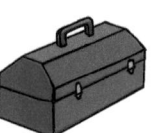

įrankių dėžė

værktøjskasse

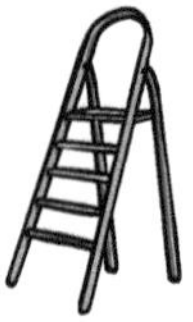

kopėčios

stige

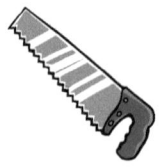

pjūklas

sav

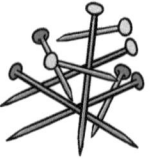

vinys

søm

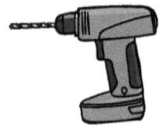

grąžtas

bor

taisyti
reparere

kastuvas
skovl

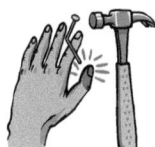

Velniava!
Lort!

semtuvėlis
fejebakke

dažų skardinė
malerspand

varžtai
skruer

muzikos instrumentai
musikinstrumenter

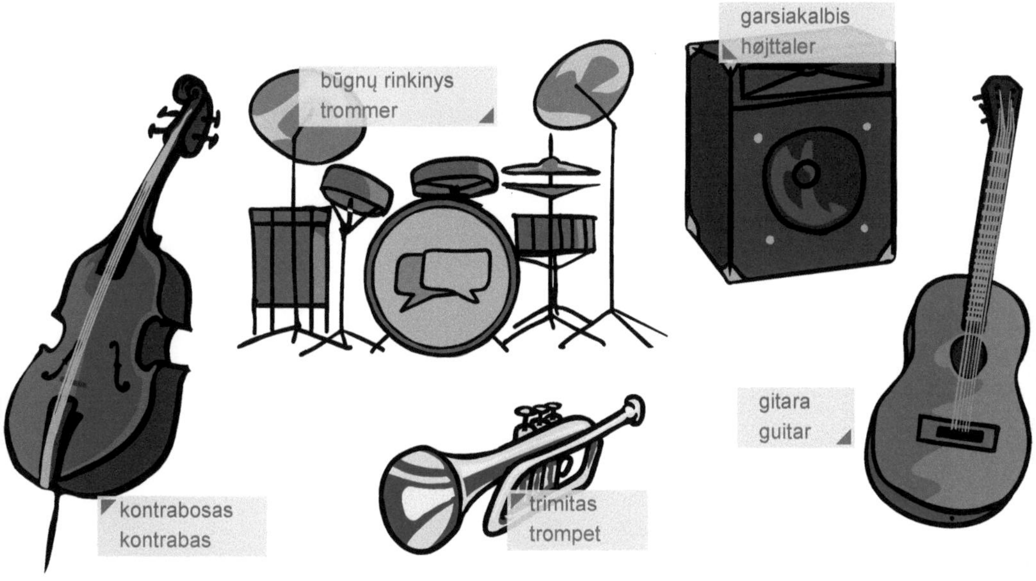

garsiakalbis
højttaler

būgnų rinkinys
trommer

gitara
guitar

kontrabosas
kontrabas

trimitas
trompet

pianinas

klaver

smuikas

violin

bosinė gitara

bas

timpanas

pauke

būgnai

tromme

sintezatorius

keyboard

saksofonas

saxofon

fleita

fløjte

mikrofonas

mikrofon

tigras
tiger

jėjimas
indgang

narvas
bur

zebras
zebra

gyvūnų pašaras
dyrefoder

panda
panda

gyvūnai
dyr

dramblys
elefant

kengūra
kænguru

raganosis
næsehorn

gorila
gorilla

meška
bjørn

kupranugaris

kamel

strutis

struds

liūtas

løve

beždžionė

abe

flamingas

flamingo

papūga

papegøje

baltoji meška

isbjørn

pingvinas

pingvin

ryklys

haj

povas

påfugl

gyvatė

slange

krokodilas

krokodille

zoologijos sodo prižiūrėtojas

dyrepasser

ruonis

sæl

jaguaras

jaguar

ponis

pony

leopardas

leopard

begemotas

flodhest

žirafa

giraf

erelis

ørn

šernas

vildsvin

žuvis

fisk

vėžlys

skildpadde

vėplys

hvalros

lapė

ræv

gazelė

gazelle

amerikietiškas futbolas
amerikansk football

dviračių sportas
cykling

tenisas
tennis

krepšinis
basketball

plaukimas
svømning

ledo ritulys
ishockey

boksas
boksning

futbolas
fodbold

badmintonas
badminton

atletika
atletik

rankinis
håndbold

slidinėjimas
skiløb

polas
polo

juoktis
grine

šokinėti
springe

apkabinti
give et knus

vaikščioti
gå

dainuoti
synge

svajoti
drømme

melstis
bede

bučiuoti
kysse

rašyti
skrive

piešti
tegne

rodyti
vise

stumti
skubbe

duoti
give

imti
tage

turėti

have

daryti

gøre

būti

være

stovėti

stå

bėgti

løbe

traukti

trække

mesti

kaste

kristi

falde

meluoti

ligge

laukti

vente

nešti

bære

sėdėti

sidde

rengtis

tage på

miegoti

sove

pabusti

vågne

žiūrėti

se på

verkti

græde

glostyti

ae

šukuoti

kæmme

kalbėti

tale

suprasti

forstå

paklausti

spørge

klausytis

høre

gerti

drikke

valgyti

spise

tvarkytis

rydde op

mylėti

elske

gaminti

koge

vairuoti

køre

skristi

flyve

užsiėmimai - aktiviteter

buriuoti

sejle

skaičiuoti

regne

skaityti

læse

mokytis

lære

dirbti

arbejde

vesti

gifte sig med

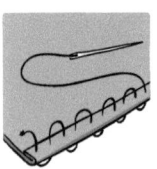

siūti

sy

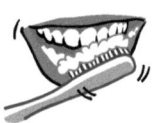

valytis dantis

børste tænder

žudyti

dræbe

rūkyti

ryge

siųsti

sende

senelė
bedstemor

senelis
bedstefar

tėvas
far

motina
mor

kūdikis
baby

dukra
datter

sūnus
søn

svečias
....
gæst

teta
....
tante

dėdė
....
onkel

brolis
....
bror

sesuo
....
søster

kūnas

krop

kakta
pande
akis
øje
petys
skulder
pirštas
finger
veidas
ansigt
smakras
hage
plaštaka
hånd
koja
ben
krūtinė
bryst
ranka
arm

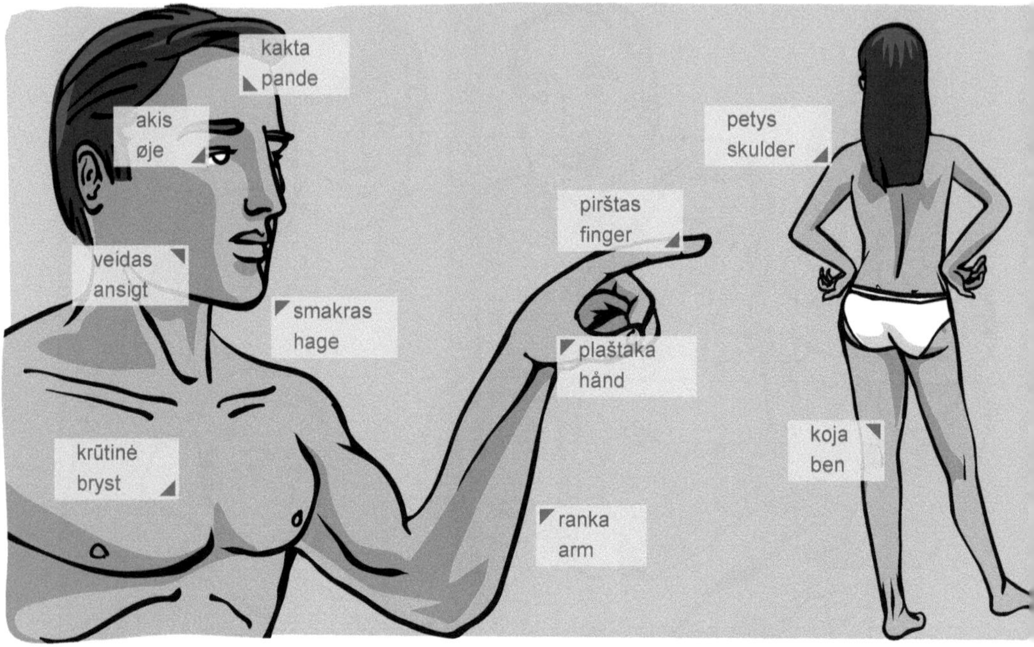

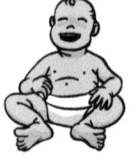

kūdikis

baby

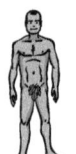

vyras

mand

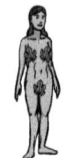

moteris

kvinde

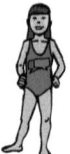

mergaitė

pige

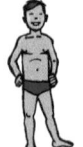

berniukas

dreng

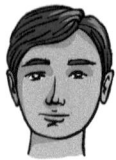

galva

hoved

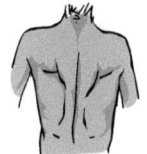

nugara

ryg

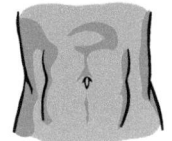

pilvas

mave

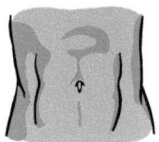

bamba

navle

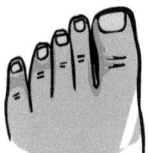

kojos pirštas

tå

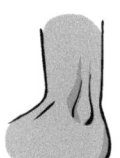

kulnas

hæl

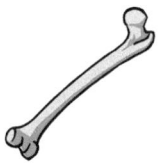

kaulas

knogle

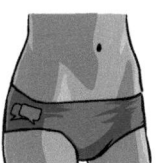

klubas

hofte

kelis

knæ

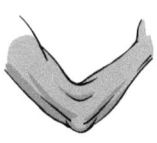

alkūnė

albue

nosis

næse

sėdmenys

bagdel

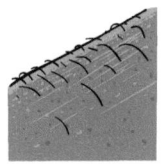

oda

hud

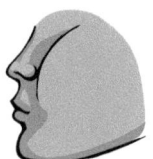

skruostas

kind

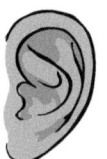

ausis

øre

lūpa

læbe

kūnas - krop

burna

mund

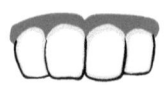

dantis

tand

liežuvis

tunge

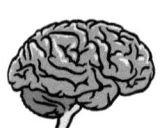

smegenys

hjerne

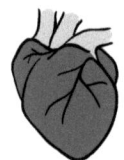

širdis

hjerte

raumuo

muskel

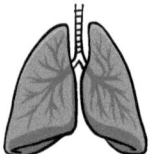

plaučiai

lunge

kepenys

lever

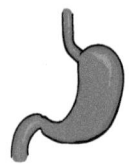

skrandis

mavesæk

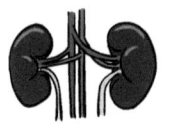

inkstai

nyrer

seksas

sex

prezervatyvas

kondom

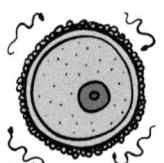

kiaušialąstė

ægcelle

sperma

sperm

nėštumas

svangerskab

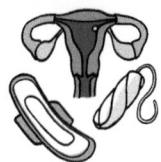

menstruacijos

menstruation

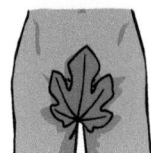

makštis

vagina

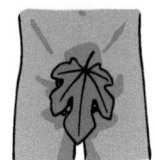

varpa

penis

antakis

øjenbryn

plaukai

hår

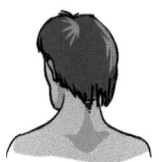

kaklas

hals

ligoninė
sygehus

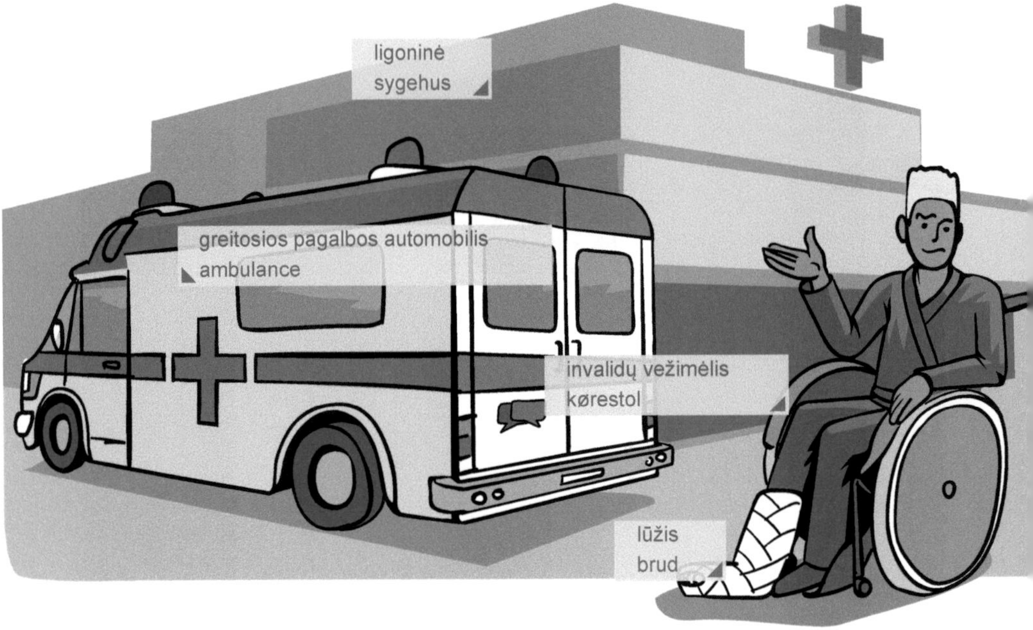

ligoninė
sygehus
greitosios pagalbos automobilis
ambulance
invalidų vežimėlis
kørestol
lūžis
brud

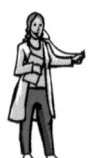

gydytojas

læge

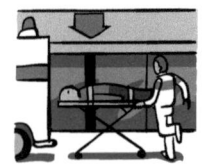

skubios pagalbos skyrius

akutmodtagelse

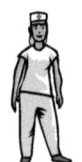

slaugytoja

sygeplejerske

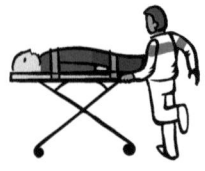

nelaimingas atsitikimas

nødstilfælde

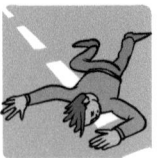

be sąmonės

bevidstløs

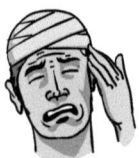

skausmas

smerte

sužalojimas

skade

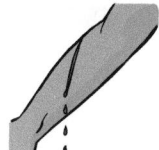

kraujavimas

blødning

širdies smūgis

hjerteinfarkt

insultas

slagtilfælde

alergija

allergi

kosulys

hoste

karščiavimas

feber

gripas

influenza

viduriavimas

diarré

galvos skausmas

hovedpine

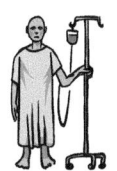

vėžys

kræft

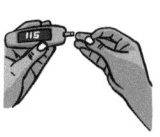

diabetas

diabetes

chirurgas

kirurg

skalpelis

skalpel

operacija

operation

KT
CT

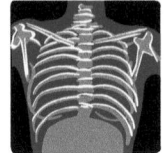

rentgenas
røntgen

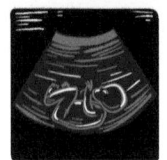

ultragarsas
ultralyd

veido kaukė
maske

liga
sygdom

laukiamasis
venteværelse

ramentas
krykke

gipsas
plaster

tvarstis
forbinding

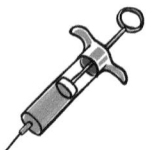

injekcija
injektion

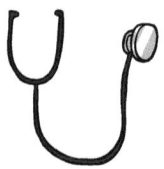

stetoskopas
stetoskop

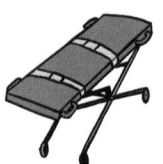

neštuvai
båre

termometras
termometer

gimimas
fødsel

antsvoris
overvægt

klausos aparatas

høreapparat

dezinfekavimo priemonė

desinficerende middel

infekcija

infektion

virusas

virus

ŽIV / AIDS

HIV / AIDS

vaistas

medicin

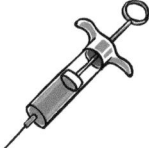

skiepijimas

vaccination

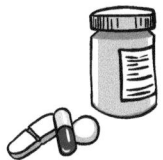

tabletės

tabletter

piliulė

pille

skubios pagalbos numeris

nødopkald

kraujospūdžio matuoklis

blodtryksmåler

ligotas / sveikas

syg / rask

Padėkite!

Hjælp!

pavojaus signalas

alarm

užpuolimas

overfald

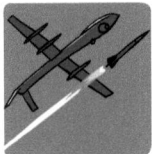

ataka

angreb

pavojus

fare

avarinis išėjimas

nødudgang

Gaisras!

Det brænder!

gesintuvas

ildslukker

nelaimingas atsitikimas

uheld

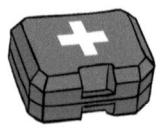

pirmosios pagalbos rinkinys

førstehjælps-kuffert

SOS

SOS

policija

politi

Europa

Europa

Šiaurės Amerika

Nordamerika

Pietų Amerika

Sydamerika

Afrika

Afrika

Azija

Asien

Australija

Australien

Atlanto vandenynas

Atlanterhavet

Ramusis vandenynas

Stillehavet

Indijos vandenynas

Indiske Ocean

Pietų vandenynas

Sydlige Ishav

Arkties vandenynas

Ishav

Šiaurės ašigalis

Nordpol

Pietų ašigalis

Sydpol

Antarktida

Antarktis

Žemė

Jorden

sausuma

land

jūra

hav

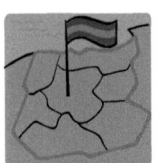

sala

ø

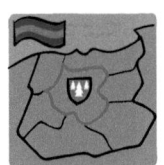

tauta

nation

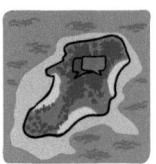

valstybė

stat

ciferblatas

urskive

valandinė rodyklė

timeviser

minutinė rodyklė

minutviser

sekundinė rodyklė

sekundviser

Kiek valandų?

Hvad er klokken?

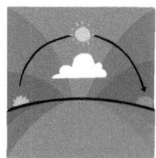

diena

dag

laikas

tid

dabar

nu

skaitmeninis laikrodis

digitalur

minutė

minut

valanda

time

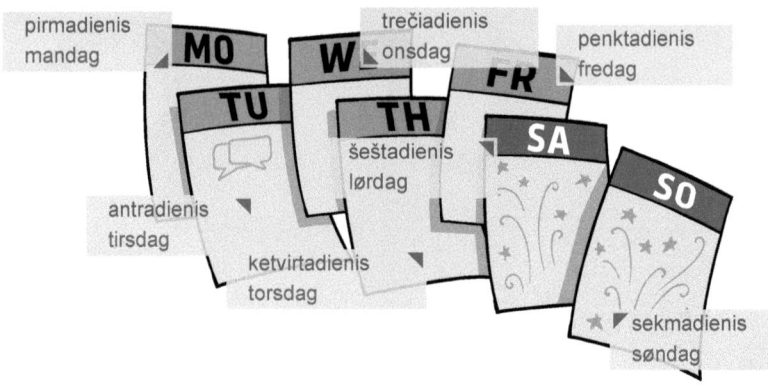

pirmadienis
mandag

antradienis
tirsdag

trečiadienis
onsdag

ketvirtadienis
torsdag

penktadienis
fredag

šeštadienis
lørdag

sekmadienis
søndag

vakar

i går

šiandien

i dag

rytoj

i morgen

rytas

morgen

vidurdienis

middag

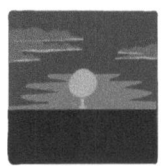

vakaras

aften

darbo dienos

arbejdsdage

savaitgalis

weekend

metai
år

lietus
regn
vaivorykštė
regnbue
vėjas
vind
sniegas
sne
pavasaris
forår
ruduo
efterår
vasara
sommer
žiema
vinter

4.APRIL 11°
5.APRIL 4°
6.APRIL 13°
7.APRIL 8°
8.APRIL 10°

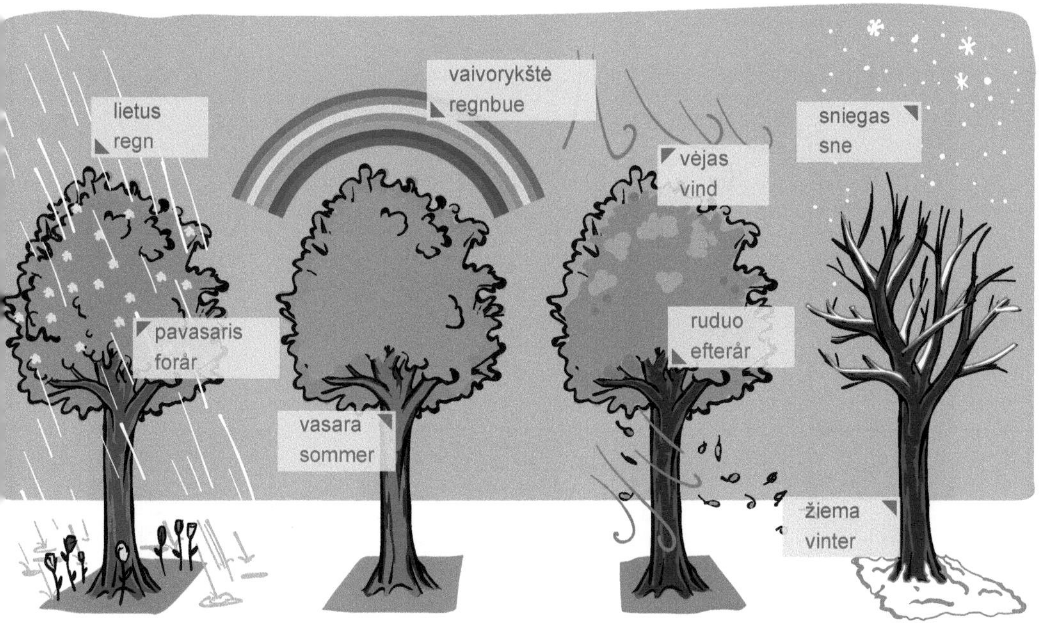

orų prognozė

vejrudsigt

F C
120 90 60 30 0 -30
40 30 20 10 0 -10 -20

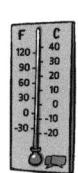

lauko termometras

termometer

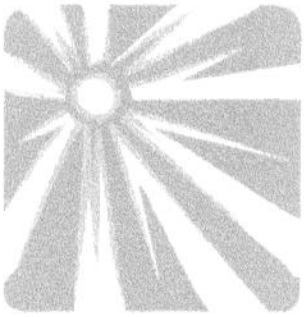

saulės šviesa

solskin

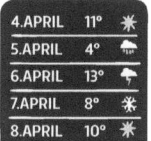

debesis

sky

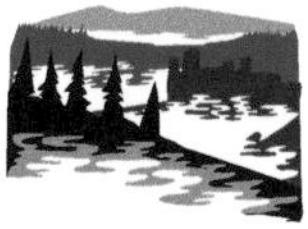

rūkas

tåge

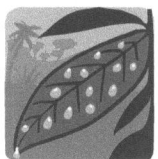

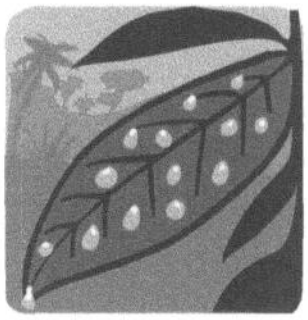

drėgmė

luftfugtighed

žaibas

lyn

griaustinis

torden

audra

storm

kruša

hagl

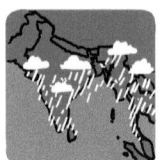

musonas

monsun

potvynis

flod

ledas

is

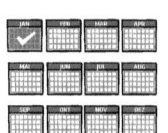

sausis

januar

vasaris

februar

kovas

marts

balandis

april

gegužė

maj

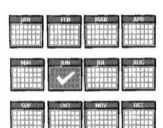

birželis

juni

liepa

juli

rugpjūtis

august

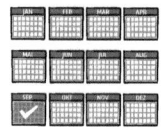

rugsėjis
....
september

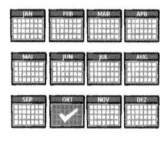

spalis
....
oktober

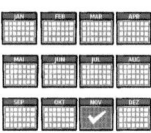

lapkritis
....
november

gruodis
....
december

formos

former

apskritimas
....
cirkel

kvadratas
....
kvadrat

stačiakampis
....
firkant

trikampis
....
trekant

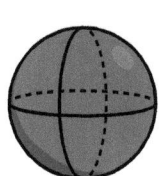

sfera
....
kugle

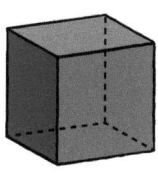

kubas
....
terning

formos - former

balta

hvid

geltona

gul

oranžinė

orange

rožinė

pink

raudona

rød

violetinė

lilla

mėlyna

blå

žalia

grøn

ruda

brun

pilka

grå

juoda

sort

daug / mažai

meget / lidt

piktas / ramus

rasende / fredelig

gražus / bjaurus

smuk / grim

pradžia / pabaiga

begyndelse / slut

didelis / mažas

stor / lille

šviesus / tamsus

lys / mørk

brolis / sesuo

bror / søster

švarus / purvinas

ren / snavset

užbaigtas / neužbaigtas

fuldkommen / ufuldkommen

diena / naktis

dag / nat

miręs / gyvas

død / levende

platus / siauras

bred / smal

valgomas / nevalgomas

spiselig / uspiselig

piktas / malonus

vred / venlig

linksmas / nuobodus

ophidset / kedet

storas / plonas

tyk / tynd

pirmiausia / paskiausia

først / sidst

draugas / priešas

ven / fjende

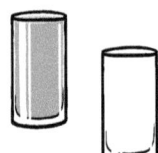

pilnas / tuščias

fuld / tom

kietas / minkštas

hård / blød

sunkus / lengvas

tung / let

alkis / troškulys

sult / tørst

ligotas / sveikas

syg / rask

nelegalus / legalus

illegal / legal

protingas / kvailas

intelligent / dum

kairė / dešinė

venstre / højre

arti / toli

nær / fjern

naujas / naudotas
ny / brugt

niekas / kažkas
intet / noget

senas / jaunas
gammel / ung

įjungta / išjungta
tændt / slukket

atidaryta / uždaryta
åben / lukket

tylus / garsus
stille / højt

turtingas / vargšas
rig / fattig

teisus / neteisus
rigtig / forkert

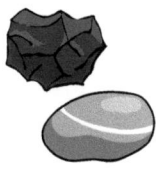

šiurkštus / švelnus
ru / glat

liūdnas / laimingas
ked af det / lykkelig

trumpas / ilgas
kort / lang

lėtas / greitas
langsom / hurtig

drėgnas / sausas
våd / tør

šiltas / šaltas
varm / kold

karas / taika
krig / fred

priešingos reikšmės žodžiai - modsætninger

0	**1**	**2**
nulis	vienas	du
nul	en	to

3	**4**	**5**
trys	keturi	penki
tre	fire	fem

6	**7**	**8**
šeši	septyni	aštuoni
seks	syv	otte

9	**10**	**11**
devyni	dešimt	vienuolika
ni	ti	elleve

12

dvylika
tolv

13

trylika
tretten

14

keturiolika
fjorten

15

penkiolika
femten

16

šešiolika
seksten

17

septyniolika
sytten

18

aštuoniolika
atten

19

devyniolika
nitten

20

dvidešimt
tyve

100

šimtas
hundrede

1.000

tūkstantis
tusinde

1.000.000

milijonas
million

anglų

engelsk

amerikiečių anglų

amerikansk engelsk

kinų (mandarinų)

kinesisk mandarin

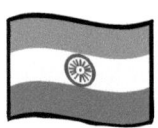

hindi

hindi

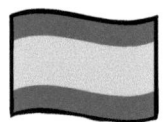

ispanų

spansk

prancūzų

fransk

arabų

arabisk

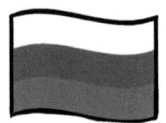

rusų

russisk

portugalų

portugisisk

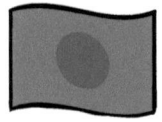

bengalų

bengalsk

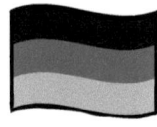

vokiečių

tysk

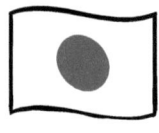

japonų

japansk

aš
jeg

tu
du

jis / ji
han / hun / den / det

mes
vi

jūs
I

jie
de

kas?
hvem?

ką?
hvad?

kaip?
hvordan?

kur?
hvor?

kada?
hvornår?

vardas
navn

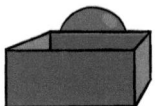

už
....
bag

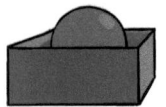

kur (vieta)
....
i

priešais
....
foran

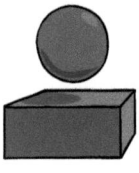

virš
....
over

ant
....
på

po
....
under

prie
....
ved siden af

tarp
....
imellem

vieta
....
sted